Prix Excellence
Éditions de la Paix

Sonia K. Laflamme

2005

SODEC
Québec

Gouvernement du Québec

Programme de crédit d'impôt pour l'édition de livres

Gestion SODEC

Le Conseil des Arts du Canada | The Canada Council for the Arts

Nous remercions le Conseil des Arts du Canada de l'aide accordée à notre programme de publication.

Nous reconnaissons l'aide financière du gouvernement du Canada par l'entremise du Programme d'aide au développement de l'industrie de l'édition (PADIÉ) pour nos activités d'édition.

Sonia K Laflamme

Le Club des fous rires

Éditions de la Paix

Réimpression 2007

Dépôt légal 1er trimestre 2005
Bibliothèque nationale du Québec
Bibliothèque nationale du Canada

Imprimé au Canada

Illustration Jean-Guy Bégin
Graphisme Vincent Gagnon
Révision Jacques Archambault

Éditions de la Paix
127, rue Lussier
Saint-Alphonse-de-Granby
Québec J0E 2A0
Téléphone et télécopieur (450) 375-4765
Courriel info@editpaix.qc.ca
Site WEB http://www.editpaix.qc.ca

Données de catalogage avant publication (Canada)

Laflamme, Sonia K

Le club des fous rires

(Dès 9 ans ; no 49)

Comprend un index

ISBN 978-2-89599-020-8

I. Bégin, Jean-Guy. II. Titre. III. Collection.

PS8573.A351C58 2005 jC843'.54 C2005-940280-6

PS9573.A351C58 2005

Sonia K Laflamme

Le Club des fous rires

Illustration Jan-Guy Bégin

Collection Dès 9 ans, nº 49

Éditions de la Paix

pour la beauté des mots et des différences

Un homme ne doit cesser de rire
que lorsqu'il a perdu
toutes ses dents.

Eugène Labiche

À René Laflamme, mon cher cousin,

qui ne perd jamais
une occasion de rire.

CHAPITRE PREMIER

RUE DES SOUPIRS

Émile Bellehumeur habite une petite rue très tranquille, pour ne pas dire trop tranquille. La rue ne s'appelle pas des Soupirs, mais depuis plusieurs années, on la surnomme ainsi. Pourquoi ? Sans doute parce qu'il y règne une étrange atmosphère. Les résidants de la rue des Soupirs semblent malheureux comme les pierres.

Les rumeurs les plus farfelues prétendent que la rue reposerait sur un ancien cimetière amérindien. Mécontents de leur sort, les âmes des défunts troubleraient la vie des profanateurs. Quant aux autres rumeurs, davantage réalistes, elles soutiennent que monsieur Chamaillard exercerait une mauvaise influence sur l'attitude de ses voisins.

Cet homme de 79 ans s'habille toujours avec la même rigidité : il ne sourit pas, fixe tout le monde d'un air hautain, réserve ses salutations au seul abbé Duguay ou au docteur Smiley. Il marche droit comme un manche de balai, le nez relevé, l'œil sombre et plissé. On sent venir son aura de loin. Et sur son passage, on s'écarte avec déférence, on retient sa respiration de peur de... de... On ne saurait jurer de quoi. Mais on a peur, ça oui ! Sévère Chamaillard donne froid dans le dos. Surtout aux enfants.

Pourtant les gestes du septuagénaire ressemblent en tous points à ceux des autres habitants de la ville. Ils n'ont rien d'extraordinaires. Jugez-en par vous-même ! Le lundi, jour de lessive, il aide sa femme Angeline à mettre leur linge à sécher sur la corde, et dans un ordre croissant de grandeur. D'abord la brassée de blanc, puis celle des couleurs, et enfin celle des foncés. Le mardi, il tond le gazon et taille les haies avec une minutie exemplaire. Le mercredi, jour de jardinage, il enlève les mauvaises herbes et vérifie l'aménagement des platebandes de fleurs. Le jeudi, jour des emplettes, il roule sa décapotable Cadillac Eldorado Biarritz 1959 de couleur rose métallisé jusqu'au centre-ville et l'emplit de provisions. Le vendredi, jour de bricolage, il travaille sur l'établi de son garage à réparer le grille-pain, le poste de radio ou tout autre article de la maison. Le samedi, jour de lavage, il lustre sa Cadillac tandis que sa femme fait le ménage et secoue les tapis. Le dimanche, jour consacré à la détente, il s'installe dans sa chaise berçante de la véranda afin de promener son regard implacable sur les allées et venues du voisinage. Chaque soir, il arrose la pelouse, les fleurs et le potager.

Que fait-il, l'hiver ? Eh bien, monsieur Chamaillard et sa belle décapotable hibernent. Quand il ne déneige pas l'entrée piétonne, l'homme se tapit derrière les rideaux ajourés du salon pour épier la rue tout en sirotant son chocolat chaud.

À la droite des Chamaillard, la maison fermée depuis trois mois ne trouve toujours pas preneur. L'affiche À vendre plantée sur le terrain indispose les voisins. D'habitude, les propriétés s'envolent le temps de crier ciseaux. Même l'ancienne propriétaire, madame Sanschagrin, n'en pouvant plus d'attendre, s'en est allée. Les acheteurs potentiels percevraient-ils les ondes négatives de la rue des Soupirs ? Malgré l'ajout de la mention Prix révisé sur l'affiche, personne ne semble s'intéresser à cette maison pourtant fort mignonne et confortable.

À la gauche subsiste une vieille grange à l'abandon. Un pont de fenil en piètre état ne permet pas l'accès au bâtiment. Émile Bellehumeur et ses amis vont toutefois y jouer en passant par une trappe secrète, même si monsieur Chamaillard veille au grain et joue les épouvantails de service pour mieux faire déguerpir les gamins.

De l'autre côté de la rue, en face de la maison des Chamaillard, habite Felix Buendía. Chilien d'origine, il s'est établi au pays à la fin des années 70. Célibataire, il vit en compagnie de ses neveu et nièce, Manuel et Yolanda. Ceux-ci fréquentent la même école primaire qu'Émile Bellehumeur, et ensemble, ils forment un trio inséparable.

Peu bavard et un brin timide, monsieur Buendía aussi a sa petite routine bien à lui. Tous les jours, après avoir servi le petit déjeuner à la maisonnée, il se rend au cégep où il enseigne la langue et la littérature espagnoles. Le midi, il s'assoit à la cafétéria et mange le contenu de sa boîte à lunch en peaufinant son essai sur le grand poète Pablo Neruda. Le soir, tandis qu'il prépare le souper, il aide ses neveu et nièce dans leurs devoirs. Ensuite il consacre une heure ou deux à la lecture. Il lui arrive souvent de déposer son livre sur ses genoux pour tourner la tête vers la fenêtre. Quelque chose d'invisible le fait sourire discrètement. Yolanda et Manuel se demandent à quoi peut bien penser leur oncle.

Madame Dora Serino occupe la maison voisine de monsieur Buendia. La femme porte toujours des vêtements noirs. Ses cheveux forment un chignon austère sous le fichu qu'elle garde en permanence sur sa tête. Elle enfourche régulièrement son vélo pour se rendre au marché. Là, elle achète des fruits et des légumes frais du jour qu'elle glisse dans un large panier d'osier. Elle ne manque jamais l'occasion de se procurer une baguette chaude et un peu de charcuterie. Quand elle revient chez elle, il arrive que le vent soulève sa jupe. Elle rabaisse alors le vêtement d'une main pudique et pédale un peu plus vite. Pieds nus dans l'herbe, elle s'installe ensuite sur le patio et arrose ses petits plats méditerranéens d'huile d'olive. Si vous tendez l'oreille, vous entendrez même un air d'opéra. L'Italienne voit toujours d'un mauvais œil le retour de la saison froide qui l'oblige à prendre ses repas à l'intérieur. Tous les mois d'août, on lui livre plusieurs mannes de tomates, d'oignons et de concombres. D'un air nostalgique, elle prépare sauces, gaspacho et ketchup qu'elle laisse mijoter à ciel ouvert sur un poêle portatif. Quand elle murmure en brassant la mixture épaisse, Émile, Yolanda et Manuel s'amusent à l'appeler « la sorcière ». La femme interrompt le brassage et goûte ce qu'elle cuisine. Quelquefois, après ses petites bouchées, elle ferme les yeux et reste immobile pendant un long moment.

Puis enfin, au bout de la petite rue, devant la grange délabrée des Chamaillard, s'élève la demeure d'Émile Bellehumeur et de sa mère, Laurence. Chef de famille monoparentale depuis la naissance de son fils unique, la jeune femme occupe deux emplois afin de boucler un budget capricieux et de payer l'hypothèque. Avec ce qui reste, elle ne peut malheureusement pas offrir à Émile les cadeaux qu'il désire. Malgré ses neuf ans, le garçon comprend la situation. Aussi fait-il sa part. Il lave la vaisselle après chaque repas et prépare les boîtes à lunch du lendemain, ce qui permet à Laurence Bellehumeur de souffler un peu et de refaire le plein d'énergie.

Avant de se mettre au lit, la mère et son fils se racontent toujours leur journée et finissent par adresser une courte prière à l'Univers. Par cette prière, ils demandent que la paix règne dans le cœur des hommes et des femmes pour qu'ils connaissent enfin le bonheur. Ils se font dix mille câlins, rivalisent de créativité pour se dire à quel point ils s'aiment, puis dorment du sommeil du juste.

Ainsi, rue des Soupirs, les résidants vivent dans une sorte de cocon où les habitudes quotidiennes prennent toute la place.

***

En ce moment, dans la grange abandonnée, les gamins discutent à voix basse.

— Ça ne peut plus durer ! affirme Émile.

— Oui, mais que peut-on y faire, au juste ? demande Yolanda.

Émile et Manuel haussent les épaules. Ils ne savent pas. Quelques planches de bois craquent derrière eux. Ils se retournent nerveusement, appréhendant la présence glaçante de monsieur Chamaillard. Rien. Le petit conciliabule se poursuit en catimini.

— L'été s'annonce long.

— Mais la rue n'appartient pas au bonhomme Chamaillard ! soutient Émile.

— Nous ne chahutons pas tant que ça ! se récrie Manuel.

Les membres de l'inséparable trio se dévisagent avec une triste mine. Émile insiste :

— Et si nous lui tenions tête ?

— Ta mère dit toujours qu'il ne faut pas contredire les personnes âgées, remarque Yolanda. Il faut les respecter…

Le garçon lève vers le toit de la grange un regard exaspéré. Cette rengaine, il la connaît par cœur. Il veut bien respecter le septuagénaire, pourvu que celui-ci considère en retour leur désir de s'amuser dans la rue, sans devoir limiter leurs rires, leurs cris, leur joie. La rue des Soupirs représente la seule rue du quartier où circulent peu de voitures. Les jeunes pourraient aller jouer au parc du centre-ville, mais celui-ci, en attendant l'améñagement d'un terrain de jeux plus grand, est réservé au camp de jour.

— Et si nous faisions signer une pétition à l'école pour faire valoir nos droits ? suggère Yolanda.

— Le bonhomme Chamaillard est malin, fait Émile. Il n'acceptera sur la pétition que le nom des habitants de la rue. Nos trois noms ne pèseront pas lourd.

Ils soupirent à l'unisson. Évidemment, le règlement municipal n'interdit pas les jeux, mais chaque fois qu'ils contreviennent à la loi locale de la rue des Soupirs, un malheureux incident survient. Monsieur Buendía et madame Bellehumeur ne désirent plus recevoir les plaintes de leur voisin, qu'il s'agisse d'un carreau brisé, du piétinement d'une platebande ou encore, d'un supposé malaise cardiaque par suite du vol capricieux d'un ballon. Sans compter le risque de cabosser la carrosserie impeccable de la belle décapotable.

CHAPITRE 2

VENT NOUVEAU

Comme à l'accoutumée, dans la rue des Soupirs, on se prépare à entreprendre la journée. On s'étire en bâillant, on s'habille, on petit-déjeune, on se brosse les dents avec vigueur et hop ! on s'aventure à l'extérieur.

Mais aujourd'hui, plutôt que de vaquer à leurs occupations habituelles, les Chamaillard, Buendía, Serino et Bellehumeur s'immobilisent en même temps sur leur véranda pour fixer l'affiche de la propriété à vendre. Un deuxième autocollant annonce en grosses lettres majuscules noires : VENDU.

— ¡Mira ! s'exclame Yolanda en espagnol, les yeux et la bouche écarquillés de surprise.

¡MIRA!
REMEX
A VEND
VENDU

— Santa Madonna ! fait madame Serino sans y croire.

— As-tu vu ça, Angeline ? demande monsieur Chamaillard à sa femme.

Et puis l'homme ajoute pour lui, dans un marmonnement ennuyé :

— Je n'ai vu personne visiter cette foutue maison...

Toujours sur la véranda, Laurence Bellehumeur émerge la première de sa léthargie. Elle pousse légèrement son fils en avant.

— Allez, Émile. Il ne faut pas arriver en retard pour la dernière journée de classe.

— Quand vont-ils emménager, les nouveaux propriétaires ?

— Je ne sais pas. Bientôt, j'imagine.

Le garçon rejoint ses amis Yolanda et Manuel. Ils marchent ensemble jusqu'au coin de la rue où se trouve l'arrêt d'autobus. Excités par la nouvelle, ils jacassent fort, spéculent joyeusement sur l'identité des futurs voisins.

Monsieur Chamaillard observe les gamins d'un œil sombre. Il déteste les voix aiguës des enfants, leurs cris déraisonnables lorsqu'ils rient. Un rien les emballe, un rien les fait pleurer. Que de caprices dans d'aussi petites personnes. De vraies tragédies grecques sur deux pattes !

— Hum ! grogne-t-il tandis que l'autobus scolaire ramasse les écoliers au coin de la rue. L'été s'annonce long.

Oui, la saison chaude risque de soulever les passions. Les jeunes désirent se défouler de cette énergie débordante qui s'accumule en eux, et le septuagénaire rêve de jours tranquilles, où le chant des oiseaux rythme délicieusement chacune des heures. Mais nul ne se doute encore de la tornade humaine sur le point de déferler…

***

À leur retour de classe, Émile, Yolanda et Manuel mettent de côté les festivités de la dernière journée pour se concentrer sur l'énorme camion blanc garé en bordure de la rue. Des déménageurs professionnels transportent le mobilier dans la maison vendue.

— Déjà !

— Si vite !

— Incroyable !

Sur sa véranda, monsieur Chamaillard se tient les bras croisés. De son œil hostile, il scrute les meubles. Un lit à deux places passe sous son nez, suivi d'un lit à une place. Le vieil homme grimace. Les déménageurs retournent dans le camion. Ils en ressortent avec un deuxième lit à une place. Cette fois, Sévère Chamaillard décroise les bras et pose les poings sur ses hanches. Son pied droit se met à taper nerveusement les planches de la galerie. Un troisième petit lit qui se pavane devant lui, semble presque le narguer. Il compte sur le bout de ses doigts : un, deux, ...

— ¡Tres ! s'écrie Manuel en battant des mains.

— Oui, trois ! confirme Émile, le sourire fendu jusqu'aux oreilles. Trois enfants. C'est le plus beau jour de l'année !

Sitôt le dernier mot lancé, ils entendent une porte moustiquaire claquer violemment. Monsieur Chamaillard a disparu.

— Six jeunes dans la rue, remarque Émile avec justesse, ça ne doit pas faire le bonheur du bonhomme.

Yolanda et Manuel approuvent d'un air ravi. Finalement, la pétition s'allongera quelque peu. Désireux de célébrer la nouvelle en grand, ils se plantent devant la maison en buvant de grands verres de limonade. Ils attendent avec impatience l'arrivée des jeunes. Mais au bout de quelques heures, le camion de déménagement repart, les rayons du soleil faiblissent. Les nouveaux voisins ne montrent pas signe de vie.

***

En cette première journée de vacances, la rue s'éveille au ralenti. On en profite pour rêvasser un peu plus sur l'oreiller, pour cuisiner crêpes sucrées ou pain doré et pour humer les arômes invitants du café fraîchement moulu. On apprécie le vent chaud qui pénètre par les fenêtres béantes et qui semble traîner au bout de ses ailes invisibles une douce mélodie.

Les riverains de la rue se laissent bercer un moment par le chant lorsqu'un ballon tape sourdement l'asphalte. Ils se lèvent de table et se dirigent vers la porte d'entrée. La rue déserte les étonne. La voix féminine ne chante plus, le ballon ne tambourine plus sur le sol. Mais ils LA voient ! Oui, ils voient la voiture noire aux vitres teintées garée dans l'allée de la maison vendue. Et l'affiche *À vendre-vendu* diffère de celle de la veille.

Soudain le ballon rebondit et roule dans la rue. Deux secondes plus tard, une musique aux joyeux accents créoles retentit dans l'air. Un garçon noir, à la chevelure crépue, court derrière le jouet afin de le récupérer. Au beau milieu de la rue, il relève la tête. Huit paires d'yeux l'observent d'un air éberlué. Sans aucune gêne, il les salue de la main.

— Bonjour tout le monde ! lance-t-il à la volée, la voix pleine de rires.

Les voisins sourient, sauf monsieur Chamaillard dont la tasse de café, glissant entre ses doigts, se fracasse sur la première marche de l'escalier. Ses lèvres pincées émettent un juron. Puis un deuxième lorsqu'il lit la fameuse affiche. Il descend l'escalier, foule l'espace gazonné et se plante devant l'écriteau.

NOUVEAU
Club des fous rires
Ateliers tous les dimanches
à 13 h, au parc.
Bienvenue à tous !

GRR

NOUVEAU
Ha!
Ha!
Club des fous rires
gué rire par le rire
Ateliers tous les Dimanches
à 13h, ave du Parc
BIENVENUE À TOUS

Incrédule, le vieil homme aperçoit aussi sur l'écorce des arbres des copies plus petites de l'affiche. Qu'est-ce que cela veut dire ?

— Monsieur Chamaillard, je présume ? dit une voix joviale dans son dos.

Surpris, Sévère Chamaillard se retourne si vite qu'il manque d'en perdre l'équilibre. Il détaille le colosse noir qui vient vers lui en tendant la main. Une large frange de dentelle blanche lui sert de sourire. Sa famille le suit au grand complet.

— Je m'appelle Dieudonné Contant, poursuit-il tandis qu'il serre la pince de son voisin. Heureux de vous rencontrer. On m'a beaucoup parlé de vous.

Le septuagénaire hausse un sourcil d'un air dubitatif. Qu'a bien pu lui raconter la Sanschagrin, l'ancienne propriétaire des lieux ? Sûrement pas de jolies choses, se demande le malheureux.

— Je vous présente ma femme Célie ainsi que mes enfants Noëlle, Yvrose et Henri. Ah ! Comme il fait bon aujourd'hui, n'est-ce pas ?

Monsieur Chamaillard les détaille un à un. Pourquoi autant de couleurs criardes dans leurs habits ? Pourquoi les deux fillettes portent-elles d'aussi étranges coiffures ? On dirait des tubes, ou mieux, de petites queues en tire-bouchon qui sortent de leurs têtes. Et cette musique trop forte qui résonne sans fin ?... Et ces sourires béats sur leurs figures ?...

— C'est vraiment gentil de venir nous souhaiter la bienvenue, monsieur Chamaillard. Vraiment gentil.

Le vieil homme réussit enfin à retirer sa main de la paluche de l'Haïtien. Ses yeux demeurent rivés sur l'affiche. Il se racle la gorge, mais le nouveau voisin se remet à parler :

— Ma Célie cuisine un bon petit plat de chez nous. Vous entrez, monsieur Chamaillard ? D'habitude, on le mange le soir. Mais avec le déménagement, vous savez, nos petites habitudes ont été bousculées. Vous resterez bien avec nous pour y goûter, n'est-ce pas ? Et votre femme aussi, bien sûr. Il ne faut pas manquer l'occasion de faire connaissance. Nous passons à table dans quelques minutes. Allez donc chercher votre femme.

Les yeux de monsieur Chamaillard clignent, ses jambes vacillent. Le flot de paroles danse dans sa tête et martèle ses tempes comme une vilaine migraine.

— Vous vous sentez mal, mon ami ?

— Hum, grogne le vieil homme en se prenant la tête. Parlez-vous toujours autant ? Vous m'étourdissez !

Aussitôt, monsieur Contant se penche en avant, se tape sur les cuisses avec la paume de ses mains. Sa bouche aux lèvres roses et charnues s'entrouvre et il éclate de rire. Sa famille l'imite. Des convulsions agitent les cinq dos voûtés.

— Oh oh oh ! Ah ah ah ! Oh oh oh ! Ih ih ih ! Ah... !

Sévère Chamaillard les regarde, perplexe. Dieudonné Contant finit par se calmer un peu. Il essuie une larme au coin de l'œil.

— Ah ah ah ! Un pince-sans-rire, hein ? Oh oh ! J'adore ça. J'espère que nous pourrons compter sur votre présence, dimanche prochain... Ah !... les ateliers de rires font le plus grand bien. Oh oh oh ! Et c'est si drôle ! Vous viendrez, n'est-ce pas, mon ami ? Hein ? Ih ih !

Le septuagénaire bombe le torse. Ses traits se durcissent.

— J'en doute fort ! Et je ne suis pas votre ami.

Tandis qu'ils regagnent leur maison, les Contant continuent à rire. Monsieur Chamaillard grimpe l'escalier, piétine les fragments de porcelaine de la tasse cassée et repousse sa femme à l'intérieur.

— Ils ont l'air gentil, souffle Angeline Chamaillard.

— Des fous. Des fous furieux. Je t'interdis de leur parler ! Ils n'ont aucun respect.

Le claquement de la porte moustiquaire retentit dans l'air. Aussitôt, Émile, Manuel et Yolanda traversent la rue pour inviter les enfants Contant à jouer avec eux.

CHAPITRE 3

APRÈS-MIDI DE RIRES

Le lendemain, pour une raison mystérieuse, toutes les affiches du Club des fous rires ont disparu. Même la grande plantée sur le terrain des Contant.

— Étrange, se dit Émile alors qu'il saute par-dessus la haie des Buendía.

D'un pas leste, il grimpe l'escalier et frappe chez ses amis. Manuel lui répond en bâillant bruyamment.

— Regarde ça, Manu.

Le garçon met le nez dehors, promène son regard à l'entour et se frotte les yeux avec vigueur.

— Mais je ne vois rien…

— Exactement ! Il n'y a plus d'affiches.

Ils se dévisagent d'un air grave. Les Contant annuleraient-ils les ateliers de rire ? Les garçons espèrent bien que non, pour une fois qu'ils peuvent donner libre cours à leurs éclats. Manuel va chercher sa sœur. En compagnie de Yolanda, la petite délégation rapplique chez les nouveaux voisins d'en face. Noëlle et Yvrose Contant bondissent sur le terrain avec leur corde à danser. Leurs sourires éclatants séduisent.

— Votre père repousse le premier atelier de rire à plus tard ? s'enquiert Manuel.

— Non, non, répond Yvrose, l'aînée.

— Vous avez rangé les affiches, alors ? s'inquiète Yolanda.

— Non, non, fait Noëlle.

— Je ne comprends pas, déclare Émile.

— Nous non plus, assure Yvrose. Toutes envolées. Même les affiches placées au centre-ville. Papa dit qu'il fallait peut-être un permis. Il a oublié d'en faire la demande à la Ville.

Émile plisse un œil. Un permis ? Cela se pourrait bien, après tout. Comme il tourne la tête de côté, il aperçoit le visage austère de monsieur Chamaillard qui les épie par la fenêtre de la salle de bains. Un sourire diabolique enlaidit ses traits.

— Vieux bougon, va ! marmonne le garçon pour lui-même.

Il entraîne ses compagnons à l'abri des oreilles indiscrètes du vieil homme. Le caucus se poursuit à l'intérieur de la maison des Contant. Les anciens résidants de la rue décident d'amener les nouveaux visiter la grange abandonnée.

— Votre frère Henri vient avec nous ?

— Non, non, annonce le garçon. Aujourd'hui, je vais aider papa à peindre les murs du salon.

Inquiet de ne plus entendre les jacassements des gamins, Sévère Chamaillard met enfin un pied sur son terrain. Il jette un œil inquisiteur par-dessus la haie. À droite, à gauche, rien. Madame Contant, enveloppée de tissus aux couleurs vives, apparaît dans son champ de vision. Assise sur la dernière marche de l'escalier, elle pulvérise des herbes séchées au fond d'un mortier.

— Dieudonné, chante-t-elle de sa belle voix, il manque un peu d'entrain, ici.

Trois secondes et demie plus tard, le rythme enlevé d'une musique des Antilles emplit la cour. Monsieur Chamaillard se crispe et maugrée. Un peu plus tard, les enfants revenus à la maison sortent avec des biscuits faits par la mère des jeunes Haïtiennes.

— Bonjour, monsieur Chamaillard, salue Émile, la bouche pleine.

L'homme ne répond pas. Il va se réfugier dans son garage, situé au fond de la cour, afin de s'adonner à sa séance hebdomadaire de bricolage. Profitant du fait que l'homme ne leur porte plus d'attention, les gamins se rendent en douce à la grange. Manuel indique l'entrée secrète aux deux filles noires. Il soulève une trappe et fait passer ses compagnons tout en jetant un œil à la ronde.

À l'intérieur, les rayons du soleil filtrent à travers les planches ajourées du toit, créant des faisceaux où l'on voit danser la poussière. Quelques instruments aratoires traînent encore ici et là. Des ballots de foin de forme carrée se défraîchissent peu à peu. D'immenses toiles d'araignée relient entre elles les poutres de bois pourri de la charpente. Dans leur nid, des oisillons attendent avec impatience le retour de leurs parents pour la becquée. Des crottes de rats jonchent le sol. L'endroit respire le calme.

Soudain Noëlle se fige. Sa bouche forme un énorme « O » de surprise. Les jeunes s'approchent pour regarder ce qui se trouve au bout de son doigt. L'étonnement les saisit d'un seul coup. Sous du foin éparpillé en vitesse, se cachent les fameuses affiches du Club des fous rires.

— Mais que font-elles là ? se demande Yvrose.

— Je crois connaître le coupable, annonce Émile.

— Monsieur Chamaillard ! concluent les jumeaux Buendía de concert.

— Il faut avertir papa, décide Noëlle, prête à partir.

— Non, l'interrompt Émile. J'ai une meilleure idée. Faisons à monsieur Chamaillard une petite surprise. Ce soir, sa femme et lui assisteront au souper en plein air de la fête de la Saint-Jean. Pendant ce temps, nous en profiterons pour remettre en place chacune des affiches. J'ai bien hâte de voir la tête qu'il fera en rentrant chez lui !

La petite bande de complices approuve le projet par de larges sourires.

***

Depuis deux jours, la mauvaise humeur de Sévère Chamaillard défraie les manchettes locales. De retour à la maison, après le fameux souper de la Saint-Jean-Baptiste, l'homme a commencé à bredouiller une suite incompréhensible de mots aux sonorités colériques. Sa belle Cadillac aux flancs blancs et aux ailerons ressemblant à des roquettes a même failli emboutir deux ou trois pare-chocs en cours de route. Sa femme ignore ce qui le met dans un pareil état, car elle n'a pas réussi à lui tirer les vers du nez.

Chaque fois qu'il entrevoit les affiches du Club des fous rires, à nouveau placardées un peu partout en ville, il enrage. Il ne met pas longtemps à deviner quelles petites canailles tentent de le tourner en ridicule. Il inspecte la grange et finit par trouver la fameuse trappe par laquelle on viole sa propriété en ruines. Aussitôt il retourne dans son garage. Il récupère un marteau ainsi qu'une boîte de clous et condamne définitivement la trappe.

Sévère Chamaillard plante le dernier clou, puis admire son œuvre d'un air satisfait.

— On n'apprend pas à un vieux singe à faire la grimace.

MRF

Il s'aventure ensuite dans la rue d'un pas très lent, d'un pas victorieux. Les jeunes de la rue des Soupirs l'observent avec malaise. Ils craignent que Chamaillard porte l'affaire devant le tribunal des parents.

— Il n'en fera rien, juge Émile avec assurance. Sinon il se condamnerait lui-même.

— Nous trouverons un autre lieu de rassemblement, annonce Yolanda.

— Ou bien une autre entrée dans la grange, suggère Manuel.

L'idée les enchante. Mais Noëlle demeure songeuse.

— Pourquoi ce monsieur a-t-il enlevé nos affiches ?

— Sans doute parce qu'il ne rit jamais.

— Et pourquoi ne rit-il jamais ?

Personne ne le sait.

— Allons ! lance Yvrose en regardant sa montre. Il faut nous dépêcher.

Les jeunes enfourchent leurs vélos et roulent en direction du parc. Déjà une dizaine de curieux font le pied de grue en attendant Hervé Vadeboncœur, le responsable de l'atelier de rire. Dieudonné Contant, son assistant, distribue des poignées de main et lance de bonnes blagues à chacun. À 13 h 10, l'Haïtien décide de débuter l'atelier. Il propose quelques exercices pour stimuler le rire. Certains participants se montrent réticents à se dilater la rate, mais bientôt, les épaules tressautent. On se tient les côtes, on se plie en deux. La douce folie du rire prend le parc d'assaut. La contagion fait rage.

Lorsque Hervé Vadeboncœur arrive enfin, il souffle à l'oreille de monsieur Contant :

— Eh bien, Dieudonné ! Tu vois bien que tu peux lancer ce club de rire à toi tout seul. Je me réjouis que tu ne m'aies pas attendu pour commencer.

Émile Bellehumeur et ses amis Buendía n'en reviennent pas de voir autant d'adultes rire sans raison. Grâce à la gymnastique rigolarde de messieurs Vadeboncœur et Contant, les curieux, présents à ce premier atelier, s'adonnent au rire avec une touche personnelle, un style original.

Le rire de madame Serino ressemble à une note aiguë qui cascade en boucle comme les vocalises d'une grande cantatrice. Monsieur Vadeboncœur imite à merveille le père Noël, barbe blanche et grosse bedaine en moins. Felix Buendía, venu rejoindre son neveu et sa nièce, rit comme un serpent à sonnette victime du hoquet. La mère d'Émile, aussi de la fête, s'esclaffe en silence, comme si la timidité l'empêchait de déployer complètement sa joie. Yvrose, Noëlle et leur frère Henri gloussent à la manière de petites souris que l'on tient en l'air par la queue. Yolanda et Manuel alternent leur performance comme s'ils se répondaient, comme s'ils se relançaient. Madame Contant semble pleurer. Ses yeux s'emplissent de grosses larmes et elle croise les jambes pour ne pas faire pipi dans sa culotte !

Et Émile rit rien qu'à voir les autres s'époumoner. Son hilarité vibre d'abord avant d'exploser comme une sirène. Pour une fois que personne ne le réprimande ! Il pouffe tellement qu'il en a mal aux joues et au ventre.

— Que ça fait du bien de lâcher son fou ! réussit-on à souffler, ici et là, entre deux respirations.

Monsieur Chamaillard, lui, comment rit-il ? Eh bien, vous l'aurez sans doute deviné, il ne trouve pas cela très drôle. Assis dans sa belle Cadillac rose, garée non loin du parc, il observe le spectacle burlesque avec un certain dégoût. Lorsque Dieudonné Contant l'aperçoit et l'invite de la main à se joindre au groupe, le grincheux démarre en trombe.

Et les participants, trop occupés à se payer du bon temps, poursuivent la rencontre dans une joie indicible.

CHAPITRE 4

PREMIERS EFFETS

Du jour au lendemain, rue des Soupirs, la vie change radicalement. Il faut dire que le seul fait de voir Dieudonné Contant et sa famille alimente la joie de vivre et rappelle les souvenirs cocasses du premier atelier du Club des fous rires. Il arrive souvent aux habitants de la ville de se bidonner en repensant à la façon de rire de l'un, à la bonne blague de l'autre. Du coup, ils découvrent un nouvel univers dans lequel le bien-être prime tout le reste. Et que l'on dort bien après une séance aussi intense d'abandon !

— Avez-vous remarqué ? demande Émile à ses amis Buendía, madame Serino n'agit plus de la même façon. Depuis deux jours, elle ne porte plus ses vêtements noirs. Et ses cheveux ! Vous avez vu ses cheveux ? Elle ne les coiffe plus en chignon. On dirait qu'elle a rajeuni de vingt ans. Je la trouve bien plus belle.

Manuel approuve avec joie.

— Le comportement de notre oncle Felix aussi a changé. On dirait que… que… Comment dire ?

Yolanda se tourne vers son frère pour qu'il l'aide à trouver les mots justes.

— Eh bien, dit-il, on dirait qu'il ne voit plus les choses comme avant, qu'il les voit sous un autre angle. Presque avec amour…

— Oui, oui ! confirme Yolanda. C'est ça ! Avec amour…

Émile n'en croit pas ses oreilles. Une petite phrase, dite la veille par sa mère, lui revient à l'esprit.

— Ma mère va enfin suivre des cours de danse !

— Sans blague ?

Les jumeaux Buendía savent très bien que le foyer Bellehumeur ne roule pas sur l'or, que chaque dépense est calculée au centime près, que chaque décision relève d'une longue réflexion.

— Mais que se passe-t-il, au juste ? s'interroge Yolanda.

Les deux garçons formulent à peine un début de réponse que Dora Serino débouche dans la rue en vélo. Les pans de son chemisier bleu pâle se croisent sur sa poitrine généreuse. Sa jupe blanche, fendue sur le côté, laisse apparaître une belle cuisse dorée par le soleil de ses origines méditerranéennes. Sa chevelure noire, parsemée de fils d'argent, ondule dans le vent. Elle balance la tête d'un côté, puis de l'autre. Elle sourit telle une reine de beauté dans un défilé. Elle remonte l'allée de sa demeure, puis la jambe gauche passant par-dessus le cadre oblique de la bicyclette, elle saute à terre du côté droit tout en continuant d'avancer, les deux mains rivées sur le guidon. Elle déploie le pied du vélo et retire son sac d'osier du porte-bagages. Malheureusement, une belle tomate rouge s'échappe du panier et roule dans l'entrée. La femme se penche pour l'attraper, mais cette fois, les zucchini prennent eux aussi la poudre d'escampette.

— Attendez ! s'écrie une voix.

Un large sourire imprimé sur la figure, Felix Buendía accourt en quatre longues enjambées. Il semble presque voler. Vite comme l'éclair, il ramasse les légumes récalcitrants pour les tendre à sa voisine. Les cheveux brillants de Gomina, la lèvre supérieure ornée d'une mince moustache, il affiche un air franchement rétro. On dirait un acteur de films muets.

— Mille grazie, signor, le remercie-t-elle en italien.

— No hay de que, señora, fait l'homme en espagnol.

Ils se sourient, se couvent du regard. Le rouge leur monte un peu aux joues. Dora Serino invite timidement Felix Buendía à casser la croûte avec elle. Le Chilien s'empresse d'accepter.

— Stupéfiant ! s'étonne Manuel. Je n'ai jamais vu mon oncle comme ça.

— C'est délirant, ajoute sa sœur, incrédule.

— Il est peut-être vraiment amoureux, présume Émile.

— De la voisine ? font les jumeaux de concert.

— Pourquoi pas ?

Les jeunes se rapprochent un peu. Madame Serino et monsieur Buendía étalent sur la table du patio les aliments nécessaires à leur repas. Tandis que la femme turlute une vieille sérénade, son voisin l'accompagne en sifflotant.

Au même moment, une voiture inconnue circule dans la rue et s'immobilise devant la résidence des Bellehumeur.

Émile hausse un sourcil et s'étire le cou pour mieux voir. Sa mère sort de la voiture, parle avec de grands gestes, se dandine légèrement sur place et rit de bon cœur avec le conducteur. Après quelques minutes, celui-ci fait demi-tour et repart. Laurence Bellehumeur piétine alors la pelouse tout en exécutant quelques pas de salsa. Le pied droit en avant, le gauche de côté et puis hop ! elle pivote sur elle-même, sans oublier de se déhancher.

— Maman ?

La jeune femme lève les bras pour accueillir son fils.

— Émile ! Comment vas-tu ? J'ai commencé mes cours de danse. C'est merveilleux ! On dirait qu'avec un peu de musique, les problèmes paraissent moins graves. J'aurais donc dû m'inscrire plus tôt !

Elle continue ses figures de danse et pirouettes jusqu'à la porte d'entrée. Là, elle s'arrête et se retourne d'un mouvement sec et précis, digne d'une danseuse étoile.

— Et si nous mangions des hamburgers, des frites et de la crème glacée, ce soir ? Hein ? N'oublie pas d'inviter tes amis !

Émile en reste tout pantois. Sa mère lui dit souvent qu'ils doivent se serrer la ceinture. C'est la première fois qu'elle l'autorise à recevoir les jumeaux à souper. A-t-elle gagné le loto ?

— C'est un miracle, souffle-t-il, la larme à l'œil.

— Et si c'était du vaudou ? corrige Yolanda d'un air soupçonneux.

— Qu'est-ce que c'est ? l'interrogent les deux garçons.

La jeune fille s'approche de ses compagnons et murmure à leur oreille :

— Ce sont des croyances et des rites haïtiens qui permettent de lancer des sortilèges.

Les jeunes tournent aussitôt la tête vers la maison de leurs nouveaux voisins.

— C'est vrai que depuis l'arrivée des Contant, les choses changent drôlement, évalue Émile.

Sur la pointe des pieds, ils se rendent tout près de la demeure de la famille haïtienne. Ils se cachent derrière la haie et regardent à travers le feuillage. Ils aperçoivent Dieudonné Contant et son épouse Célie en train de planifier l'aménagement du potager.

— Là, le soleil est bon, dit la femme noire. Je vais planter l'anis étoilé, le mille-pertuis, la menthe, la lavande, l'estragon et le basilic.

Monsieur Contant approuve. Derrière la haie, les gamins se dévisagent en haussant les épaules.

— Il n'y a rien de bien sorcier dans tout ça, déclare Manuel.

— En magie, toutes les herbes peuvent servir, assure Yolanda. Il suffit de savoir les utiliser avec les bonnes formules magiques.

Célie Contant se met à chanter de sa belle voix douce et envoûtante. Son époux la prend dans ses bras.

— Es-tu heureuse, ma Célie ?

Elle lui offre un large sourire de dentelle.

— Oh oui, mon Dieudonné ! J'ai trois superbes enfants intelligents et en santé. J'ai un merveilleux mari qui prend soin de moi, attentif et fidèle, qui réussit tout ce qu'il entreprend. Chaque jour, grâce à toi, notre maison s'emplit un peu plus d'amour et de bonne humeur. Je n'aurais jamais cru obtenir autant de la vie. Elle commence mal, parfois, mais...

— Laisse le passé à sa place. Rien ne sert de cultiver nos vieilles douleurs. Il faut nous en affranchir pour pouvoir enfin vivre pleinement.

— Je t'aime tellement, mon Dieudonné !

Le couple s'embrasse avec passion sans se douter qu'on l'observe. Les gamins, peu habitués aux témoignages d'amour des adultes, pouffent malgré eux. Le visage de monsieur Contant apparaît au-dessus d'eux.

— Mais que faites-vous là, petits espions ?

Les gamins bafouillent quelques excuses incompréhensibles. L'Haïtien se penche davantage vers eux.

— C'est beau l'amour, hein ? leur lance-t-il avant d'éclater de rire.

— Et vous les encouragez en plus ! clame alors une voix en colère.

Dieudonné Contant pivote sur lui-même. D'un bond, les trois gamins se remettent sur pied. Les poings sur les hanches, le regard hostile et les lèvres pincées, Sévère Chamaillard les toise avec dureté.

— Vous pourriez au moins faire vos cochonneries dans votre chambre à coucher ! poursuit le vieil homme, hors de lui. Vous donnez le mauvais exemple !

— Des cochonneries ? reprend monsieur Contant, incrédule. Le mauvais exemple ?

— Oui, parfaitement.

Angeline, la femme de monsieur Chamaillard, accourt pour le calmer.

— Je t'en prie, Sévère. Ne commence pas.

— Ce n'est pas moi qui commence, c'est lui, lance-t-il en accusant son voisin du doigt.

— Mais il ne fait rien de mal, voyons…

— Rien de mal ? s'offusque-t-il. Rien de mal ? Mais ouvre les yeux, Angeline. Tout le monde est tombé sur la tête ! C'est le chaos ! On ne reconnaît plus personne. Et c'est de sa faute à lui ! Il doit être content, le monsieur Contant. Mais je ne me laisserai pas faire par de petits nouveaux à peine débarqués qui méprisent nos traditions, nos façons de faire et d'être.

Dieudonné Contant, plutôt que d'emboîter le pas à l'agressivité de son voisin, rigole légèrement.

— Et cessez de rire pour rien ! insiste Chamaillard, rouge de colère. Vous avez l'air d'un pauvre idiot.

Cette fois, l'Haïtien lui fait face. Sa voix douce aux accents créoles résonne dans l'air :

— Je ne me permettrai pas d'en dire autant de vous, Monsieur. Mais sachez que le pardon est la clé du bonheur.

Comme Sévère Chamaillard redouble de fureur, le colosse noir se détourne, embrasse sa femme, et ils se remettent à discuter du jardin. De leur côté, Émile, Yolanda et Manuel rentrent chez eux d'un pas rapide.

— En tout cas, juge Émile d'une petite voix, s'il y a vraiment du vaudou là-dessous, ça n'a aucun effet sur le bonhomme Chamaillard…

CHAPITRE 5

EFFET BOULE DE NEIGE

Dans la petite ville, dans la rue d'ordinaire si tranquille, on attend le dimanche suivant avec fébrilité. La rumeur se répand comme une traînée de poudre. On ne parle plus que des ateliers de rire de Dieudonné Contant, le premier Haïtien installé dans les environs. On veut le voir, on veut savoir ce qu'il fait. Surtout, on désire l'entendre rire.

— C'est trop drôle, s'esclaffent les participants de la première rencontre lorsqu'ils décrivent leur aventure. Sans réfléchir, voilà qu'on rit. C'est magique.

— Et combien ça coûte ? demandent ceux qui n'y ont pas assisté.

— Ce qu'on veut bien donner. Avec en prime un bon gros rire.

Une activité gratuite, ou presque. De nos jours, c'est quelque chose en voie de disparition. Et cela semble tellement faire du bien, autant au portefeuille qu'au cœur, qu'on décide de ne pas rater pour tout l'or du monde ce rendez-vous incroyablement simple.

Et de fait, le deuxième atelier ne déçoit personne. La foule qui s'entasse peu à peu dans le parc du centre-ville ne surprend pas monsieur Contant. Il connaît le pouvoir et les effets bénéfiques du rire. Il sait que même si on vit dans une société qui est le témoin quotidien de guerres et de catastrophes naturelles, cela ne signifie pas qu'on ne soit plus capable d'avoir du plaisir.

En deux temps trois mouvements, les sourires se fendent jusqu'aux oreilles, les gorges se déploient pour exprimer une hilarité sans nom, hors de contrôle. Encore une fois, chacun y va de sa manière personnelle. L'abbé Duguay expulse une puissante colonne d'air qui retentit en un AH ! court, mais d'une force magistrale. Le docteur Smiley garde cependant les lèvres serrées. Tout vibre à l'intérieur avec des à-coups d'abord aigus qui deviennent de plus en plus graves. Et puis il recommence. Son rire ressemble à un haut escalier qu'il déboule sans cesse.

À la ronde, on n'entend plus qu'une chose : Oh oh oh ! Ah ah ah ! Oh oh oh ! Ih ih ih ! Ah... !

Émile, plié en deux, se tourne vers les jumeaux Buendía.

— Ce n'est pas le vaudou, la cause... mais plutôt les ateliers de rire. Regardez. C'est trop puissant.

— Ça risque de devenir une nouvelle religion.

— Ce serait super ! Imaginez, la véritable religion de l'amour, celle qui empêche la guerre d'éclater.

Tout en reprenant leur souffle, Émile et les jumeaux Buendía rêvassent joyeusement. Ils refont un monde de paix où règne la bonne humeur pour des siècles et des siècles.

Les jours suivant le deuxième atelier du Club des fous rire relèvent de la féerie. L'hilarité de la rue des Soupirs s'étend désormais à l'ensemble de la ville. Tout le monde se salue. On prend le temps de s'arrêter quelques secondes pour adresser un compliment. Les hommes redeviennent des galants, les femmes de grandes dames. On troque ses soucis contre des sourires. Même la pluie semble craindre la région. Les automobilistes cèdent volontiers le passage aux piétons, les cyclistes respectent les feux de circulation. Les jeunes tendent le bras à leurs aînés pour les aider à traverser la rue. Monsieur le fleuriste enregistre des recettes record. Le bonheur danse sur les lèvres de chacun. Quel bel été ! Le plus beau depuis des décennies !

Dora Serino, les cheveux dans le vent, roule à bicyclette en direction du centre-ville. En passant devant le parc, elle se met à rire toute seule. Comme dans un rêve, elle revoit Felix Buendía, avec sa petite moustache à la Rudolph Valentino, en train de siffler comme un serpent à sonnette.

— Bonjour, madame Serino, la salue Célie Contant, la tête perdue sous un madras fuchsia.

— Ah ! Buon giorno, signora ! Come sta ? Comment allez-vous ?

— Très bien, merci. Et vous ?

— Je n'ai pas encore trouvé le mot idéal pour décrire mon état d'ivresse. Mais votre mari est un saint homme. Si, si. Un santo !

L'éloge fait rougir l'Haïtienne, même s'il la flatte au plus haut point.

— J'ai une bouteille de champagne, chez moi, que je gardais pour une grande occasion. J'aimerais beaucoup la boire en votre compagnie.

— Et si vous veniez souper, ce soir, suggère madame Contant. Qu'en dites-vous ?

Madame Serino accepte avec joie. Mais elle incline aussitôt la tête, à la manière d'une gamine devant sa mère.

— Me trouveriez-vous impertinente si je vous demandais d'inviter les Buendía ? Et... aussi les Bellehumeur ?

— Bien sûr que non ! s'écrie Célie Contant. Au contraire, plus on sera de fous, plus on rira. L'idée va plaire à Dieudonné.

L'Italienne gare son vélo, puis bras dessus, bras dessous, les deux complices s'empressent de faire quelques emplettes à l'épicerie. De retour chez elles, madame Contant commence à cuisiner tandis que Dora Serino convie les voisins et leurs enfants. Bientôt, la cour de la maison des Contant grouille d'activité. Les trois femmes préparent le barbecue, les deux hommes mettent le couvert, les six jeunes s'amusent au ballon, puis à la *tag*. Et vous l'aurez deviné, au cœur de cette belle cohue, le rire fuse à volonté.

Au même moment, le couple Chamaillard rentre chez lui. Comme la décapotable rose s'engage dans l'allée jusqu'au garage, le visage du vieil homme passe au ralenti au-dessus de la haie. Il grimace.

— Tiens, dit sa femme d'un air jovial. On dirait qu'ils donnent une petite fête.

Son mari répond par un grognement. Il gare la voiture, claque la portière, sort les emplettes du coffre. Dans la cuisine, il trouve sa femme en train de sourire devant la fenêtre. Elle envie le bonheur de ses nouveaux voisins, ainsi que cette douce folie qui agite la ville depuis une semaine. Sa meilleure amie, madame Montplaisir, lui a dit beaucoup de bien de la dernière rencontre dans le parc. Elle aimerait participer elle aussi aux ateliers du Club des fous rires. Mais elle ne veut pas attiser la colère de son mari.

— Qu'est-ce que tu fais, plantée là, Angeline ? demande-t-il en lâchant brusquement les paquets sur le comptoir de céramique.

— Mais rien..., souffle-t-elle avec embarras. Je... réfléchissais.

— Et à quoi réfléchissais-tu ?

Madame Chamaillard se mord la lèvre. Elle hésite un instant. Elle baisse le front, se prépare à plier une fois de plus l'échine devant son mari. À la dernière seconde, elle trouve cependant le courage de le braver. Elle n'en peut plus de faire ses quatre volontés. Il est grand temps qu'elle commence à écouter son cœur.

— Je crois que je vais aller faire un petit tour chez nos voisins.

— Quoi ! ? s'exclame-t-il, hors de lui. Tu es folle ! Tu n'iras pas là-bas.

— Pourquoi donc ? Il n'y a pas de mal à rire un peu. J'aimerais bien m'amuser, des fois. Tu devrais faire la même chose.

— Pour ressembler à ce pauvre idiot de Contant ? Non merci.

— Le pauvre idiot a une vie sociale, lui. Tu ne peux pas en dire autant.

Faisant deux pas en avant, elle repousse son mari qui ne trouve rien à redire tant l'attitude volontaire de son épouse le décontenance. Sur le seuil de la porte, elle lui offre un dernier regard.

— Tu sais quoi, Sévère ? Chamaillard, c'est ton nom de famille à toi. Le mien, c'est Lajoie. Je l'ai oublié pendant trop longtemps. Bonne soirée !

Cette fois, monsieur Chamaillard bondit. Que signifie cette soudaine rébellion ? Depuis quand réplique-t-elle à ses ordres ? Décidément, tout change trop vite pour lui. Il perd le contrôle.

Par la fenêtre, il voit les voisins accueillir son épouse à bras ouverts. La cour des Contant ressemble à un véritable jardin d'enfants. Oui, c'est bien cela, les adultes redeviennent des enfants.

— Maintenant que le repas est terminé, faisons place à la danse, s'écrie Dieudonné qui attrape la main de la nouvelle venue.

— M'accorderez-vous cette danse, madame Serino ? demande Felix Buendía d'une voix de velours tout en s'inclinant devant l'Italienne.

— À la condition que vous m'appeliez Dora…

Aussitôt, les couples se forment et exécutent différents mouvements de danse avec une emphase théâtrale. Les pirouettes se succèdent, les rires aussi. Comme le jour décline, Célie Contant allume quelques bougies de couleur grise et or qu'elle place dans des lanternes. Même dans le ciel étoilé, la lune en quartier sourit. La danse se transforme peu à peu et fait place à un concours de limbo. De son côté, monsieur Buendía, avec un énorme poivron rouge fixé sur le nez, se met à faire le clown. Les jeunes lui courent après, lui sautent dessus et se roulent par terre. Dora

Serino rit tellement qu'elle cherche son souffle. Son visage s'empourpre, puis tout à coup, prise d'un vertige, elle s'effondre. Les rires cessent en bloc.

— Probablement une crise d'hyperventilation, juge l'Haïtien, en habitué.

Tandis que l'Italienne revient rapidement à elle, monsieur Chamaillard, toujours immobile à la fenêtre de la cuisine, exhibe un sourire malicieux. Finalement, il n'aura pas besoin d'intervenir. La petite fête trouve elle-même le moyen de se gâcher. De fait, madame Serino se retire chez elle et les voisins l'imitent quelques minutes plus tard avec un léger sentiment de culpabilité.

CHAPITRE 6

CAMPAGNE DE DÉNIGREMENT

Vendredi, jour de bricolage... Pour la première fois en plus de cinquante ans, Sévère Chamaillard n'a que faire de sa traditionnelle routine. Sa tête bouillonne d'idées de toutes sortes. Noires, surtout.

Quand il arrive dans la cuisine, sa femme Angeline mange des rôties tout en lisant le journal. Elle ne lui a rien préparé. Monsieur Chamaillard hausse les épaules. Il ira au restaurant, un point c'est tout. Comme il se prépare à sortir de la maison, sa femme lance le journal sur la table et se lève.

— Tu ne veux pas savoir comment se porte madame Serino ?

— J'aimerais plutôt savoir si ce soir, tu vas encore dormir dans la chambre d'amis.

— Tout dépend de toi, Sévère.

— Que veux-tu dire ?

La femme plonge son regard dans celui de son mari.

— Je suis fatiguée de tes enfantillages. Laisse les autres vivre leur vie. Cesse de toujours les juger ou les mépriser.

Monsieur Chamaillard baisse la tête.

— Bien. Dans ce cas, je crois que tu ferais mieux d'aller habiter quelques jours chez ton amie, la Montplaisir. Parce que ce n'est pas à mon âge que je vais changer. Pas à 79 ans.

La pauvre femme ouvre la bouche et les yeux de surprise. Éberluée, elle ne réussit à articuler aucun mot. Son mari quitte la maison. Il s'engouffre dans sa Cadillac rose et file sur les chapeaux de roue, le coude appuyé sur la portière. Émile le regarde sans comprendre.

Mais c'est sensé être son jour de bricolage, aujourd'hui… pense le garçon en tondant le gazon.

Un quart d'heure plus tard, un taxi débouche dans la rue pour stopper devant la demeure des Chamaillard. La femme du septuagénaire sort de la maison avec quatre valises. Elle a le nez enflé et rouge d'une personne qui vient de pleurer. Elle monte à bord et le taxi démarre. Émile abandonne la tondeuse au milieu du terrain et court chez les Buendía.

— Venez vite !

— Mais qu'y a-t-il ? s'enquièrent les jumeaux.

— C'est le bonhomme Chamaillard et sa femme, réplique Émile. Il se passe quelque chose de grave.

Les jeunes enfourchent leur vélo et pédalent à toute vitesse. Arrivés au centre-ville, ils stoppent à un feu de circulation. De loin, ils aperçoivent la belle Cadillac 1959 devant le restaurant *Chez Maurice.* Dans l'attente nerveuse du feu vert, les jeunes entendent quelques rumeurs qui circulent déjà sur le trottoir et sur le seuil des commerces.

— Il vient tout juste de me le dire, prétend monsieur le boulanger. La Serino est tombée dans les pommes d'avoir trop ri.

— Sans blague ?

— Absolument. Et il paraît que sa femme le quitte, signale le propriétaire du magasin de tabac. Ç'a l'air qu'elle veut reprendre son nom de jeune fille.

— Hein ? Angeline ?

— Oui. Et tout ça, à cause de cette maudite maladie contagieuse du rire.

— J'avoue que depuis que tout le monde rit, note un passant, les gens semblent plus insouciants. À la longue, ça peut devenir dangereux...

Émile jette un regard inquiet à ses amis. Le feu passe au vert. Ils démarrent en trombe en direction de *Chez Maurice.* Là, ils remarquent que leur voisin boit un café en compagnie du coiffeur, monsieur Lagacé, et de la postière, madame Dolorès Chicoine.

— Ça, ça n'augure rien de bon.

Ils délaissent leur vélo, s'approchent en douce et s'accroupissent sous la fenêtre ouverte du restaurant. Ils surprennent quelques bribes de la conversation. Le ton résolument hargneux et manipulateur de Sévère Chamaillard les décontenance.

— Un sourire, je ne dis pas, peut être beau à la rigueur s'il est nécessaire. Mais le rire, lui, dérange, déconcentre. Pourquoi vouloir à tout prix étaler sa bonne humeur quand la vie est si difficile ? Jésus riait-il ? Non, bien sûr que non. Car la misère et le péché de monde reposaient sur ses pauvres épaules. Le rire est une attitude égoïste et méprisante qui rejette la vérité, la douleur des autres. C'est odieux !

Le coiffeur et la postière approuvent les paroles. Chamaillard s'avance au-dessus de la table.

— L'harmonie doit régner à nouveau dans cette ville. Voyez ce qui arrive à mon couple. Même l'abbé Duguay semble sous le charme. Ne laissons pas cet affreux jojo de Dieudonné Contant briser nos foyers. Et après le rire, qu'est-ce que ce sera ? Le vaudou ? Non. Il faut préserver nos croyances. J'aurai besoin de votre aide pour placer quelques affiches. Puis-je compter sur vous ?

Il remet à chacun une trentaine de placards qu'il a lui-même fabriqués au cours de la nuit. Les trois rabat-joie se lèvent et partent disséminer en ville les affiches. Les jeunes talonnent leur voisin de près. Le vieil homme fixe ses tracts sur les arbres bordant le parc. L'un d'eux lance cet avertissement en lettres rouges :

Malheureux, vous qui riez maintenant, car vous connaîtrez le deuil et les larmes.
Évangile selon saint Luc, chapitre 6, verset 25

Un autre dit :

Le sot éclate de rire bruyamment, le rire de l'homme sensé est rare et discret.
L'Ecclésiaste, chapitre 21, verset 23

Plus loin, une troisième affiche affirme :

Dans le rire même,
le cœur trouve la peine,
et la joie s'achève en chagrin.
Proverbes, chapitre 14, verset 13

Émile et ses amis essaient d'empêcher l'homme de répandre la tristesse autour d'eux, mais celui-ci impose ses opinions avec véhémence.

— Pourquoi faites-vous ça, Monsieur Chamaillard ?

— Pourquoi rire alors que nous avons toutes les raisons du monde de ne pas le faire, hein ? Par exemple, toi, mon petit Émile, sans le sou et sans père. Tu ne l'as jamais connu et tu ne le connaîtras probablement jamais non plus. Ce n'est pas drôle, ça !

La mauvaise foi du septuagénaire tétanise le garçon qui avale avec difficulté la boule d'amertume en travers de la gorge. Le bonhomme Chamaillard se tourne vers Yolanda et Manuel.

— Et vous deux, les jumeaux Buendía, poursuit-il d'une voix doucereuse. Vous êtes orphelins de père et de mère, pauvres victimes de la guerre civile au Chili... Vous vivez avec un vieux célibataire endurci. Ça non plus, ce n'est pas très drôle.

Les jumeaux baissent la tête pour ne pas montrer à l'homme les grosses larmes qui envahissent leurs prunelles.

— Mes petits, vous pouvez rire autant que vous voudrez, mais ça ne vous redonnera pas ce que vous avez perdu…

CHAPITRE 7

PETITE ENQUÊTE

En moins de temps qu'il n'en faut pour le dire, la ville replonge dans un état de mélancolie. Les gens ne brillent plus du même éclat, les rues deviennent ternes. On évite de se regarder dans les yeux. Les affiches de monsieur Chamaillard culpabilisent les habitants. Honteux d'avoir tant ri et oublié si facilement la misère du monde, plusieurs déchirent même les affiches du Club des fous rires.

Tant et si bien que le dimanche suivant, au troisième atelier, Dieudonné Contant se retrouve avec à peine une dizaine de participants, ses propres enfants et ceux de la rue des Soupirs compris. De toute évidence, on déserte les bienfaits du rire.

La postière, madame Chicoine, ne peut s'empêcher de le narguer de loin :

— Vous riez moins maintenant.

Monsieur Contant regarde son petit auditoire sans comprendre. Émile s'approche.

— Vous n'avez pas vu les affiches de Sévère Chamaillard ? dit-il en montrant du doigt l'une d'elles.

L'Haïtien en examine tour à tour quelques-unes avec attention.

— Tiens, tiens, souffle-t-il non sans sourire. Ce monsieur connaît donc les saintes écritures.

— Oui, déclare Émile. Et ici, les gens sont très croyants. Qu'allez-vous faire ?

— Eh bien, mon garçon, je crois que je vais en rire.

Le gros rire sincère de monsieur Contant foudroie les curieux qui, restés aux abords du parc, sont venus observer sa déconfiture.

— Arrêtez, monsieur Contant ! le supplie Émile. Ce n'est pas drôle. Le bonhomme Chamaillard veut nuire à votre projet. Il manipule les habitants de la ville. Même l'abbé Duguay est maintenant contre vous. Il faut riposter.

L'homme de race noire dépose ses énormes paluches sur les épaules du garçon.

— Moi aussi, Émile, je connais l'Ecclésiaste. Voici ce qu'il dit : *Ne te hâte pas de t'irriter, car l'irritation habite dans le cœur des insensés.*

Il sourit de nouveau avant d'ajouter :

— Le rire pacifie la nature des hommes. Il n'y aura pas de riposte autre que celle du rire.

— Vous parlez de paix. Mais lui se tient sur un pied de guerre.

— Sache, petit, que la paix et la guerre partagent au moins un point en commun : on ne peut pas les faire seul. Si tu veux que les gens rient autour de toi et délaissent leur amertume, alors ris. Le temps fera son œuvre. Ils reviendront se divertir en notre compagnie.

Sur ces mots, Dieudonné Contant reprend les commandes de l'atelier et propose différents exercices, comme si les tracts de Chamaillard n'existaient pas. Mais Émile demeure sceptique. Il n'a plus le cœur à rire. Il connaît trop bien monsieur Chamaillard. D'un signe de tête, il invite les Buendía à le suivre. Ils abandonnent l'atelier et vont s'asseoir sur un des bancs du parc.

— Pour une fois que tout le monde avait du plaisir… boude Yolanda.

— Pas tout le monde, il faut croire... Le bonhomme Chamaillard n'aime pas le club. Nous ne gagnerons pas sans lui. Il faut le convaincre.

Les jumeaux soupirent à l'unisson. L'entreprise leur paraît des plus ardues.

— Monsieur Contant n'a pas tort, déclare Manuel. Le temps arrange les choses.

— Oui, mais ça va prendre combien de temps ? Un jour, un mois, un an ?

Soudain, une idée frappe l'esprit d'Émile. Ses prunelles brillent d'un nouvel espoir. Il se lève d'un bond.

— Oui oui oui ! s'exclame-t-il, ragaillardi. Monsieur Contant a raison. Les gens vont revenir s'amuser avec nous. Il faut trouver ce qui les pousse à éclater de rire pour ensuite le leur offrir.

Les jumeaux Buendía se dévisagent sans comprendre.

— C'est très simple, reprend Émile. L'être humain rit. C'est dans sa nature. Plus on est jeune, plus on rit. Plus on vieillit, plus on oublie à quel point c'est bon. On s'invente des tas de raisons pour ne pas se dilater la rate. Exactement comme le fait monsieur Chamaillard. Mais ce sont toujours de mauvaises raisons. Procédons par élimination. En découvrant ce qui le rend rabat-joie, nous parviendrons peut-être à mettre la main sur ce qui l'enthousiasmait autrefois. Qu'en dites-vous ?

L'argument ne convainc pas complètement Yolanda et Manuel.

— Comment veux-tu procéder au juste ? s'informe le jumeau.

— Nous irons voir madame Lajoie. Je suis certain qu'elle nous aidera.

Émile et les Buendía se rendent dans le quartier où demeure l'amie de madame Lajoie chez qui elle habite depuis quelques jours. Elle reçoit les gamins à bras ouverts, puis leur offre des biscuits. Assis dans le salon, Émile ne perd pas de temps et va droit au but.

— Parlez-nous de votre mari, s'il vous plaît. Nous voulons mieux le connaître.

Angeline Lajoie hausse un sourcil, plisse l'œil opposé. L'espace d'une fraction de seconde, elle ressemble comme deux gouttes d'eau à son Chamaillard de mari.

— Vous êtes certains que vous allez bien, tous les trois ? demande-t-elle, la voix teintée de soupçons.

Émile avale sa dernière bouchée de biscuit et s'essuie les mains sur son chandail à manches courtes.

— Dans cette ville, il est devenu l'ennemi numéro un du rire. Mais aussi du plaisir. Nous voudrions savoir pourquoi.

Madame Lajoie se laisse choir dans un fauteuil près de la cheminée. Elle lâche un long soupir qui trahit des années de tristesse et de réserve. Elle secoue la tête d'un air las.

— Que dire, sinon que la vie ne l'a pas choyé ?

— Pourriez-vous donner un peu plus de détails ? suggère Manuel.

— Sévère est né sur le tard dans une famille de bourgeois. Sa mère ne s'est jamais remise de l'accouchement. Elle est morte quand il avait deux ans. Son père, désespéré, a sombré dans l'alcool. Lorsque la crise de 1929 a éclaté, la pauvreté a frappé les Chamaillard. À cette époque, tous les environs leur appartenaient. Ils ont dû lotir leur terre pour survivre. À dix-huit ans, Sévère s'est enrôlé. Il a combattu en Afrique avant de se rendre en Europe. Je l'ai connu à son retour au pays. Je croyais qu'avec beaucoup d'amour, il oublierait les atrocités de la guerre. Il a vu plusieurs de ses camarades tomber au combat, vous savez. Nous nous sommes mariés et nous avons eu quatre enfants.

Émile, Yolanda et Manuel se regardent avec incrédulité. Ils croyaient que le couple n'en avait pas.

— Eh oui, quatre. Mais l'aînée, notre seule fille, est morte de la poliomyélite à l'âge de trois ans. Sévère, habitué à ne voir que le côté sombre des choses, a mis plus tard nos fils à la porte. Tout simplement parce qu'ils ne partageaient pas ses opinions. Et maintenant, il fait la même chose avec moi... il me force à le quitter.

Elle essuie une larme au coin de l'œil.

— Qu'est-ce qui lui fait le plus plaisir ?

— Comme il dort mal, il ne veut qu'une seule chose, la tranquillité.

— Et avant, quand il dormait bien ?

Angeline Lajoie hausse les épaules. Elle l'ignore. Émile commence à s'impatienter.

— Mais c'est impossible ! s'écrie-t-il. Essayez-vous de nous dire qu'il n'a jamais ri de sa vie ?

— Je ne l'ai jamais entendu, en tout cas.

Frustré, Émile se lève d'un bond. Il n'en revient pas de constater à quel point les nom et prénom de l'homme lui collent malheureusement si bien à la peau. C'en est désolant.

— Je n'y crois pas. Je n'y crois pas !

Il part aussitôt, laissant derrière lui les Buendía et madame Lajoie dans un certain embarras.

CHAPITRE 8

CONFRONTATION

Dans le cœur de chacun, il manque un petit quelque chose qui fait cependant une très grosse différence, le parfum du bonheur. Et ce parfum commence dans le bien-être, dans la joie de vivre. En secret, on rêve de rire aux éclats. Mais au grand jour, on appuie les démarches de Sévère Chamaillard. Après tout, le vieil homme ne désire que le bien de ses concitoyens, que leur sécurité... Non ?

Pourtant la rue des Soupirs ne redevient pas aussi maussade qu'avant. La musique des Antilles retentit tous les jours, accompagnant la voix délicieuse de Célie Contant. Les cris joyeux de Noëlle, Yvrose et Henri donnent la réplique au rire de leur père. La maison des Haïtiens forme une sorte d'oasis de fraîcheur au milieu de la tristesse. De l'autre côté de la rue, Dora Serino, les Buendía, de même que les Bellehumeur les envient en silence.

Une phrase trotte dans la tête du jeune Émile : Si tu veux que les gens rient et délaissent leur amertume, alors ris.

Il approche de sa mère. Elle ne fréquente plus l'école de danse. On dirait que ses tracas financiers la tourmentent plus que jamais.

— On s'amusait bien, hein, avec les Contant ? rappelle-t-il avec nostalgie.

— Oui, c'est vrai, répond sa mère d'une voix détachée.

Émile la détaille de la tête aux pieds. Il s'ennuie de cette folie éphémère qui a animé sa mère.

— Vas-tu reprendre tes cours de salsa ?

— Tu sais bien que je ne gagne pas assez d'argent pour me le permettre.

— Mais tu n'en avais pas plus lorsque tu t'es inscrite.

La remarque contrarie Laurence Bellehumeur. Elle ne sait pas trop quoi répondre. Elle ne peut tout de même pas avouer à son fils qu'elle a agi sur un coup de tête, elle qui essaie de lui enseigner de toujours réfléchir avant de passer à l'action.

— Tu sais quoi, maman ?

Elle se contente de hocher négativement la tête.

— Je crois que je préférais quand tu faisais la fofolle. Est-ce que tes cours coûtent si cher que ça ?

La mère d'Émile baisse les yeux vers la moquette et fronce les sourcils.

— Non, dit-elle d'une petite voix. Pas vraiment.

— Aimais-tu ça ?

— Oui.

— Alors qu'attends-tu pour y retourner ?

Elle dévisage son fils avec insistance. Elle le prend dans ses bras et le berce tendrement.

— Tu es le plus beau cadeau de ma vie, souffle-t-elle en lui donnant un baiser sur le front. À bien y penser, ce n'était pas la salsa qui me rendait fofolle…

— Ah non ? fait le garçon d'un petit air taquin.

Les prunelles de Laurence Bellehumeur s'illuminent de souvenirs.

— Et ce n'était pas non plus l'amour qui transportait Dora et Felix. J'en suis certaine. Non… C'était plutôt… Ça venait de plus loin…

Émile sourit. Il espère bien trouver en elle une alliée de taille pour relancer les ateliers de rire et donner l'exemple. Elle pivote un instant en ouvrant les bras. Son visage rayonne.

— Oui, c'est ça... Je me souviens maintenant. Je me rappelle ce que j'ai ressenti au parc, à l'atelier de monsieur Contant.

— Tu as éprouvé du plaisir, maman. C'est normal quand on rit autant.

— Non, Émile, non. En fait, je me suis sentie si ridicule !

Cette fois, le garçon s'étonne. Il ne comprend pas où elle veut en venir.

— Oh oui ! reprend-elle. Tellement ridicule de me retrouver parmi ces gens à rire pour rien. À rire juste parce que les autres se tordent les boyaux. À exécuter tous ces exercices dignes de jeux d'enfants de la maternelle. Mais tu sais quoi, Émile ?

Son fils secoue la tête de droite à gauche.

— Je me suis dit que le ridicule ne tue pas. Pas plus que le rire. Alors je me suis pardonné pour toutes les journées de ma vie passées sans rire. J'ai ressenti une sorte de libération. Et sans toi, j'allais déjà oublier cet instant magique... Allez, viens Émile.

Laurence Bellehumeur attrape son fils par le bras et le tire vers la porte.

— Mais où va-t-on ? demande-t-il, dépassé par la situation.

— Chez les voisins.

Ils sortent de la maison, empruntent l'allée, puis passent sur le terrain des

Buendía. La mère d'Émile frappe à la porte. Manuel et Yolanda viennent ouvrir.

— J'aimerais parler à votre oncle.

Les jumeaux lancent une œillade inquisitrice à leur ami qui hausse les épaules. Felix Buendía se présente deux secondes plus tard. Il a rasé sa moustache, ses cheveux ne sont plus gominés. Il salue les Bellehumeur d'un simple signe de tête.

— Et vous, Felix, l'interpelle soudain sa voisine d'une voix claire et volontaire, qu'avez-vous donc ressenti avant de rire pour la première fois, au parc ?

Les yeux du Chilien papillotent un instant. Il semble hésiter, ou réfléchir. Il ferme les yeux pour les rouvrir aussitôt.

— J'ai trouvé ! s'exclame-t-il, revigoré. Voulez-vous savoir ? C'était la paix. Comme si je faisais la paix avec moi-même, avec mon passé. Je n'ai jamais rien vécu d'aussi fort, d'aussi merveilleux.

Aussitôt dit, Laurence Bellehumeur attire ses voisins dehors et les pousse en direction de la maison de Dora Serino. Là, elle pose la même question à l'Italienne qui porte à nouveau son petit chignon austère sous un fichu noir. Celle-ci prend quelques secondes pour fouiller sa mémoire.

— J'ai éprouvé quelque chose comme du désir, leur révèle-t-elle. Si, si. Le désir de changer, de passer à autre chose, de vivre une autre vie… Celle dont je rêvais, petite.

Laurence Bellehumeur sourit.

— Le Club des fous rires de Dieudonné Contant nous a fait prendre conscience d'une chose : en changeant d'attitude, tout est encore possible. Nous devons le dire à Sévère Chamaillard.

Aussitôt, les jumeaux Buendía et Émile se crispent. Ils se rappellent trop bien leur conversation avec madame Lajoie. Ils ne savent toujours pas où l'homme puisera le rire dans un passé aussi déprimant que le sien.

— Allons demander conseil aux Contant, propose l'oncle des jumeaux.

— Il va sûrement nous suggérer de donner l'exemple, rétorque Émile.

— Ce n'est pas bête, conclut sa mère.

Et elle entraîne ses voisins et son fils devant la demeure des Chamaillard. Là, en plein milieu de la rue, ils se mettent à rire à gorge déployée. Ils exécutent quelques exercices que leur a enseignés Dieudonné Contant. Ils s'amusent entre autres à mettre en route la tondeuse riante. Premier essai : ils tirent sur une courroie imaginaire et le rire vibre en eux sans aller plus loin que les lèvres. La tondeuse étouffe. Deuxième essai : même chose. Troisième essai : le rire vibre et éclate au grand jour. Les six tondeuses riantes fonctionnent. Gare aux mauvaises herbes !

L'Haïtien, attiré par le bruit familier, les observe par la fenêtre du salon. Il s'apprête à aller les rejoindre quand il aperçoit son voisin qui sort de chez lui... et de ses gonds.

— Mais quelle mouche vous a piqués ? se récrie Sévère Chamaillard. Vous dérangez tout le monde avec vos simagrées. A-t-on idée de se donner en spectacle de façon aussi ridicule ?

Felix Buendía avance d'un pas. Il cesse de rire pendant un moment.

— Je venais de me fiancer avec la plus jolie fille de Valparaíso quand la junte militaire de Pinochet m'a fait prisonnier, raconte-t-il. Deux ans, monsieur Chamaillard, deux années entières enfermé dans un camp de concentration. On m'a privé de ma vie, de ma jeunesse, de mon amour. On m'a torturé pour que j'avoue des crimes que je n'avais pas commis, tout simplement parce que je sympathisais avec le régime de l'ancien président Allende.

« Pendant ces deux années, j'ai survécu grâce à ma Rosa chérie. Le souvenir de son sourire mettait un baume sur ma douleur. Cette image m'a tenu en vie. Mais Rosa m'a cru mort. Il mourait tant de prisonniers à cette époque. Alors elle s'est mariée avec un autre. Je lui en ai beaucoup voulu jusqu'à tout dernièrement. Mais elle a eu mal, elle aussi. À cause de cette rancœur, j'ai gâché une trop grande partie de ma vie. »

Dora Serino s'approche à son tour.

— Moi, j'ai perdu trois maris. Ils n'ont pas vécu assez longtemps pour me donner des enfants, pour que ma maison, malgré ces deuils consécutifs, s'emplisse de joie. Mais le pire, monsieur Chamaillard, ce sont les rumeurs. Elles ont la vie dure, la mémoire longue. Un jour, une mauvaise langue a prétendu que j'avais empoisonné mes maris. Si, si. Ça n'a pas pris de temps pour que la police et la compagnie d'assurance viennent mener leur enquête. On a même exhumé le corps de mon dernier mari — que Dieu ait son âme — ! pour pratiquer une autopsie. Imaginez toute cette humiliation, cette honte qui me rongeait. Moi aussi, je suis devenue amère, aigrie. Et je me suis refermée comme une huître.

— Oui, enchaîne Laurence Bellehumeur, nous avons tous nos propres douleurs. J'ai fréquenté le père d'Émile pendant quelques mois seulement. Quand j'ai voulu lui dire que j'étais enceinte, il m'a annoncé qu'il partait remplir un contrat de trois ans en Afrique du Sud. Il était si emballé par son projet de coopération internationale. C'était le rêve de sa vie. Il est parti sans savoir. Avoir Émile représentait tout pour moi. Alors j'ai interrompu mes études et les ai reprises un an plus tard en multipliant les petits emplois minables. Je travaille comme une folle à un salaire quasi minimum afin d'offrir à Émile ce qu'il y a de mieux. Et je n'y arrive pas toujours. Je cours tellement après l'argent que j'en oublie de vivre, de penser à moi. Vous avez raison, Monsieur Chamaillard, la vie est difficile. Mais doit-on forcément refuser de la vivre ? Doit-on entretenir la haine, le mépris, la colère ? En prenant le temps de rire, nous n'oublions pas nos douleurs. Nous ne les oublierons jamais. Elles font partie de nous pour toujours. Mais nous pouvons leur pardonner.

Sa fureur aveugle empêche Sévère Chamaillard de s'émouvoir devant le récit de ces trois destins singuliers. Comme il se prépare à répliquer, Émile s'élance et prend le vieillard à bras-le-corps.

— Vous savez, monsieur Chamaillard, malgré ce qu'on dit de vous, on vous aime bien.

Yolanda et Manuel imitent leur ami. Le vieil homme en demeure bouche bée. Ses voisins le saluent d'une même voix :

— Nous vous donnons rendez-vous au parc dimanche prochain à treize heures. Soyez-y.

Les gamins desserrent leur étreinte et s'en vont. Des larmes font ciller les paupières de Sévère Chamaillard. Sa carapace peut être percée.

Toujours à la fenêtre, Dieudonné Contant esquisse un sourire attendri.

CHAPITRE 9

Ô SOUVENIRS !

D'un pas extrêmement lent, monsieur Chamaillard se dirige vers sa Cadillac rose. Il ouvre la portière et monte à bord. Il tend la clé vers l'allumage, mais suspend son geste. Son bras s'abaisse. Il dépose le trousseau de clés sur sa cuisse. Son regard se fixe sur quelque chose devant lui, sur l'établi du garage. Il ne bouge plus.

Quelques minutes plus tard, Noëlle, Yvrose ainsi que leur frère Henri bondissent dans leur cour. Ils se lancent le ballon en chantant fort. À un certain moment, le garçon projette le jouet avec tant de force que sa sœur Noëlle, un peu peureuse, fait un bond de côté pour l'éviter. Le ballon roule jusque sous les branches de la haie mitoyenne où il reste prisonnier. La jeune fille le récupère et, en se redressant, elle aperçoit Sévère Chamaillard assis dans sa voiture.

Le jeu se poursuit. Mais Noëlle Contant décoche souvent des coups d'œil inquisiteurs à la décapotable. Tant et si bien qu'elle échappe presque toujours le ballon.

— Qu'y a-t-il ? demande Henri.

Pour toute réponse, sa jeune sœur tend le menton en direction de la voiture garée devant le garage béant. Ils aperçoivent alors leur voisin, immobile. Les enfants haussent les épaules et reprennent leur jeu. Mais quelque chose ne tourne pas rond. Même les cris aigus et les rires excessifs des jeunes ne tirent pas l'homme de sa léthargie.

Trouvant cette attitude plus qu'étrange, ils vont chercher leurs nouveaux amis, Émile, Yolanda et Manuel. Tous les six, ils avancent à pas de loup, étirent le cou par-dessus la haie. Les yeux grands ouverts, monsieur Chamaillard semble aussi rigide qu'une barre de fer. Les minutes s'envolent. Rien ne se produit. Aucun signe de vie. Émile fronce les sourcils.

— Je vais aller voir de plus près, annonce-t-il.

Le garçon longe la haie pour revenir de l'autre côté, chez le voisin. Près de la portière de la voiture, il prend une grande inspiration. Comme il redoute une réaction vive du vieillard, il serre les poings pour se donner un peu de courage.

— Monsieur Chamaillard ? demande-t-il d'une voix aussi douce que possible.

L'homme se retourne légèrement.

— Hein… ? dit-il d'un air vague. C'est toi, Émile…

Le garçon dépose sa main sur l'épaule du voisin.

— Est-ce que vous allez bien ?

— Hein ? Heu… Mais oui, bien sûr.

Monsieur Chamaillard ouvre la portière et s'extirpe de la voiture. Il détaille le garçon et les cinq autres jeunes campés derrière la haie.

— Dans la grange, fait-il avec mélancolie, il y a des boîtes pleines de vieilles photos du temps où la rue n'existait pas encore. Aimeriez-vous les voir ?

Les gamins, incertains, se jettent des œillades. Leur voisin chemine vers la grange en leur faisant un petit signe de la main. Ils consentent à le suivre. Monsieur Chamaillard déverrouille un gros cadenas qui condamne l'entrée principale du bâtiment abandonné. Il repousse les deux portes, et quelques pigeons surpris par cette bruyante intrusion, prennent leur envol. L'homme indique un coffre sur lequel traînent des instruments aratoires complètement rouillés.

— C'est là.

Ils enlèvent faux, bêches, râteaux et sarcleuses, puis ouvrent le coffre. Curieux, les enfants s'avancent. Ils attrapent chacun une petite boîte de métal et s'assoient sur de vieux bidons de lait. Peu à peu, grâce aux photographies écornées et jaunies par le temps, ils découvrent le passé de la rue et des environs, et aussi celui de monsieur Chamaillard. Leurs regards brillent de fascination.

Le vieil homme saisit lui aussi une boîte. Ému, la lèvre tremblante, il soulève le couvercle. Ses doigts éparpillent les images. Les souvenirs refont surface et, avec eux, les larmes. Sans crier gare, il laisse tomber la boîte et se met à gémir comme un enfant.

Les jeunes se lèvent avec embarras. Ils ignorent ce qu'ils doivent faire en pareille circonstance. Ils voient pleurer une personne âgée pour la première fois de leur vie.

— Allez, dit Émile à ses amis. Laissons-le seul.

— Oui, affirme la voix distordue de monsieur Chamaillard. Partez, je vous en prie…

Tandis que sa douleur s'amplifie, les enfants obéissent en silence. Mais avant de sortir à son tour, Émile lance un dernier regard derrière lui.

Son voisin, d'habitude si autoritaire, ressemble désormais au plus démuni des hommes. Il se tient la tête à deux mains, ses épaules tressautent, ses lèvres soufflent une longue plainte incompréhensible. Et puis soudain, ses gémissements cessent. Penché au-dessus du coffre, il fouille parmi les boîtes de métal qui s'entrechoquent.

— Bon sang ! fulmine-t-il. Sacré nom d'un chien ! Mais où sont-elles ?

Monsieur Chamaillard cherche désespérément les photographies de son mariage et celles de ses enfants. Il veut les voir, les toucher, les placer tout contre son cœur. Il éparpille les boîtes par terre et trie leur contenu.

— Non, non, non ! bougonne-t-il de plus belle.

Apparemment, se dit Émile caché dans son coin, *il ne trouve pas ce qu'il veut.*

Mécontent, le septuagénaire lance l'une des boîtes contre un ballot de foin. Elle s'ouvre et disperse des dizaines de photographies. L'homme se dirige vers la sortie quand il aperçoit le garçon.

— Qu'est-ce tu fais encore là, sale petite fouine ? lui lance-t-il d'un ton à nouveau sec et méprisant.

Émile grimace. L'œil dur et les lèvres pincées, l'homme repousse le garçon et, d'un pas rapide, rentre chez lui pour s'enfermer à double tour.

CHAPITRE 10

RIRE PETIT-COCHON

L'heure de la quatrième rencontre du Club des fous rires approche. Bien décidés à rire aux larmes, Laurence Bellehumeur, Dora Serino et Felix Buendía, en compagnie des jeunes de la rue des Soupirs, se joignent aux participants peu nombreux. Quelques habitants de la ville se tiennent à l'écart. Ils n'osent s'afficher avec les rieurs. Ils craignent de se faire accuser par Sévère Chamaillard, mais ne veulent pas rater le spectacle. Surtout que l'homme les observe aussi. On s'attend à une altercation en bonne et due forme entre lui et l'Haïtien. On se demande à quel moment, il va intervenir et de quelle façon.

Monsieur Contant frappe dans les mains pour attirer l'attention. Les participants se tournent vers lui et l'atelier débute. Ils pratiquent différentes sortes de rire. On rit la bouche fermée, puis la bouche ouverte en tirant la langue le plus possible. On se serre la pince en rigolant, on attrape ensuite l'autre main et, dans un mouvement d'accordéon, on croise les bras de son partenaire et on pouffe de plus belle. On change ensuite de co-équipier pour le disputer du doigt en gloussant, sans manquer non plus de se moquer de soi-même.

Comme lors des précédents ateliers, les rires sonnent un peu faux au début, mais deviennent cependant vite sincères. Tout autour du groupe, la contagion atteint les curieux qui oublient les affiches et la présence de monsieur Chamaillard pour venir grossir les rangs des participants. Hommes et femmes de tous âges et de toutes conditions s'unissent dans le but de partager leur bonne humeur. Les genoux fléchissent, les épaules sautillent, les dos se voûtent ou se cambrent, selon la personnalité de chacun.

Monsieur Chamaillard, assis sur un banc, détaille la scène d'un air impitoyable. Sa jambe droite s'agite nerveusement. Il regarde avec un certain mépris des personnes qui, la veille encore, lui juraient de ne pas se laisser corrompre par les idioties puériles de l'Haïtien.

— Traîtres ! siffle-t-il entre ses dents.

Cette nouvelle humiliation exacerbe davantage sa colère. Mais tandis qu'il s'apprête à se lever pour imposer sa façon de voir les choses, il aperçoit Angeline accompagnée de trois hommes d'une quarantaine d'années.

En moins de deux, elle rit, imitée par ses amis. Monsieur Chamaillard la fixe avec intérêt. Il s'ennuie d'elle. Il souhaite tellement qu'elle revienne à la maison. Les éclats de rire de la femme retentissent si fort qu'ils troublent son mari. D'un côté, il désire que cessent les rires. De l'autre, il la trouve si belle… Aussi belle que le jour de leur mariage. Comme si elle avait vingt ans, comme si les rides s'étaient envolées, comme si le temps s'était arrêté.

— Je ne lui ai jamais dit à quel point je l'aime…, murmure-t-il, déçu de lui-même.

Madame Lajoie se mêle aux autres. Elle échange sa folie contre celle des participants de l'atelier. Pour la durée de la rencontre, ils oublient qu'ils sont des adultes et se plaisent à replonger dans leur enfance.

Quant aux plus jeunes, ils sont ravis de trouver des complices aussi fous qu'eux.

L'heure consacrée à l'atelier tire bientôt à sa fin. Pourtant personne ne veut s'en aller. Sévère Chamaillard secoue la tête. Quelques souvenirs refont surface. Les personnes qui accompagnent sa femme lui rappellent ses propres enfants. Il ferme les yeux et remonte dans le temps.

Il les voit. Oh oui, il y parvient. Ils ont quoi… huit, sept et cinq ans ? Un rien les fait rire. Ils jouent au bonhomme sept heures, courent sous le jet de l'arrosoir, dévorent des pommes de tire et laissent des traces de doigts collants un peu partout. Ils grimpent aux arbres, construisent des forts de neige, et la neige dans ce temps-là, il y en avait haut comme ça. Ils sautent sur les lits, se battent à grands coups d'oreiller, puis tombent épuisés d'avoir trop ri. Ils prennent leurs décisions en chantant *Ma petite vache a mal aux pattes.* Pour les consoler, Angeline leur raconte une histoire ou encore dépose un gros bécot sur leurs éraflures. Et le lendemain, ils recommencent, sans s'encombrer du passé, sans se soucier de l'avenir.

Mais à bien y penser, la jeunesse de Sévère Chamaillard, malgré les événements tragiques, ne diffère pas beaucoup de celle de ses fils. Pendant une fraction de seconde, l'homme oublie la rancune qu'il traîne derrière lui comme un boulet depuis des décennies. Il se rappelle l'école du rang, ses amis qui se chauffent les mains près du poêle. Ensemble, ils tirent sur les tresses des jolies filles et partent en mission secrète armés de tire-pois. Il revoit aussi madame Labelle qui, avant de répondre au téléphone, se précipite devant le miroir pour se faire une beauté. Car à cette époque, parler à quelqu'un voulait dire le voir.

La bouche de l'homme s'étire, ses lèvres s'entrouvrent. Un petit rire, à peine audible, émerge de son cœur. S'étonnant lui-même, il ouvre les yeux. Sa femme et Dieudonné Contant lui sourient.

— La vie est tissée de larmes et de rires, prononce-t-elle d'une voix céleste.

— L'humour aide à passer à travers les problèmes de la vie, renchérit monsieur Contant.

Ils tendent la main vers l'homme qui, rasséréné, accepte leur invitation. Bras dessus, bras dessous, il marche auprès d'Angeline en direction du groupe hilare. Laurence Bellehumeur et son fils Émile lui donnent l'accolade en s'esclaffant. Ils le tiennent si solidement contre eux que leur voisin ressent la forte secousse qui les habite. Puis les Buendía l'accueillent de la même manière, suivis de tous les participants. D'abord embarrassé par cette soudaine familiarité, l'homme se laisse peu à peu convaincre. Finalement, c'est lui qui, sourire aux lèvres, réclame l'embrassade des trois dernières personnes, celles-là même qui accompagnent madame Lajoie.

— Papa ?

Les yeux de monsieur Chamaillard papillotent, comme s'il avait la berlue, puis s'écarquillent. La lèvre tremblante, l'esprit confus, il détaille les trois hommes debout devant lui. Ce n'est qu'alors qu'il reconnaît ses fils qu'il n'a pas revus depuis plus de vingt-cinq ans. Il les examine de la tête aux pieds. Derrière eux se massent des gamins qu'il ne connaît pas, puis...

— Mes... petits-enfants ? souffle-t-il, incrédule et ému par ces retrouvailles inespérées.

Ses fils acquiescent. Comme leur père se met à pleurer, ils le prennent dans leurs bras. Aussitôt, madame Lajoie et monsieur Contant donnent le signal. Les participants se rapprochent et se mettent à rire, formant une immense bulle d'amour. Les larmes des fils se transforment graduellement. L'étreinte se resserre, les éclats de joie fusent enfin. On se pardonne les mots et les gestes du passé pour savourer l'instant présent, bien plus précieux.

Pourtant, Sévère Chamaillard contient résolument son bonheur, comme s'il avait honte de le montrer. Mais bientôt, il n'en peut plus. Trop, c'est trop ! D'abord la bouche fermée, son rire sautille en émettant un son aigu et saccadé. Puis d'un coup, l'homme reprend son souffle et renifle comme un petit cochon qui court après les tétines de sa maman. Après chaque sautillement, le rire petit-cochon revient en force. Et tout le monde se bidonne de voir et d'entendre un rire aussi comique émaner d'un homme comme Sévère Chamaillard.

— Je croyais que mon grand-père était un vieux grincheux ! dit l'une des petites-filles de monsieur Chamaillard à Émile, qui se roule par terre.

— Mais moi aussi ! fait le grand-père en se tapant sur les cuisses. Moi aussi.

Après tout un été de rires, la ville marche sur un nuage. Felix Buendía et Dora filent le grand amour et prévoient se fiancer à Noël. Laurence Bellehumeur a trouvé un nouvel emploi qui la comble en tous points. Lors de ses cours de danse, elle a fait la connaissance d'une femme d'affaires qui l'a choisie comme associée. Et monsieur Chamaillard, vous demandez-vous ?

Eh bien le septuagénaire ne souffre plus d'insomnie. Il ne s'est jamais senti aussi bien de toute sa vie. Ses relations avec les autres s'améliorent de jour en jour. Il aime les gens et les gens l'apprécient. En compagnie de son bon voisin, monsieur Contant, il lui arrive même d'animer des séances du Club des fous rires.

Surtout la nouvelle attitude de l'homme enchante les jeunes de la rue des Soupirs. Émile, Yolanda, Manuel ainsi que les enfants Contant peuvent enfin jouer dans la rue autant qu'ils le désirent. D'ailleurs, quand il reçoit la visite de ses petits-enfants, monsieur Chamaillard n'hésite pas à se mêler à leurs jeux. Il a même demandé à la Ville de changer le nom de la rue. Savez-vous comment il souhaite la rebaptiser ? La rue Lajoie, en l'honneur de sa femme Angeline qui voit enfin toute sa famille réunie autour d'elle.

Les conseillers de la Ville n'ont pas encore voté, mais depuis ce temps, chaque fois qu'Émile Bellehumeur croise le vieil homme, le garçon lui lance :

— Bonjour, monsieur Lajoie.

Alors l'ancien bougon le salue joyeusement et éclate de rire en reniflant en petit-cochon.

TABLE DES MATIÈRES

Ce livre a été imprimé sur papier 100 % recyclé
sur les presses de l'imprimerie Gauvin,
Gatineau, Québec en avril 2007